नौवाँ गीत

रवीन्द्रनाथ टैगोर

प्रभाकर प्रकाशन

ISBN: 978-93-56824-07-2
eISBN: 978-93-56824-08-9

© प्रकाशकाधीन

प्रकाशकः प्रभाकर प्रकाशन
प्लॉट नं.-55, मेन मदर डेयरी रोड
पाँडव नगर, ईस्ट दिल्ली-110092
फोनः 011-40395855

ई-मेलः sales@pharosbooks.in
वेबसाइटः www.prabhakarprakashan.com

प्रथम संस्करण : 2023

मुद्रकः सुषमा बुक बाईंडिंग हाउस ओखला इंडस्ट्रियल
एरिया फेस-II, नई दिल्ली-110020

नौवाँ गीत
रवीन्द्रनाथ टैगोर

भूमिका

रवीन्द्रनाथ टैगोर का जन्म 7 मई 1861 में कोलकाता के प्रतिष्ठित, कलाप्रिय परिवार में हुआ। टैगोर जी बहुमुखी प्रतिभा के धनी थे, वे महान कवि, उपन्यासकार, नाटककार, चित्रकार, शिक्षाशास्त्री, समाज सुधारक एवं दार्शनिक थे, बावजूद इसके उन्हे कवि के रूप में विश्वस्तरीय ख्याति प्राप्त हुई। लेखन प्रतिभा के कारण रवीन्द्रनाथ जी ने विश्वस्तर पर पहचान बनाई, विश्व में भारतीय साहित्य का परचम लहराने वाले साहित्यकार रवीन्द्रनाथ जी को 1913 ई. में नोबेल पुरस्कार मिला। यह पुरस्कार उन्हें उनकी सुप्रसिद्ध कृति 'गीतांजलि' के लिए प्रदान किया गया। गीतांजलि के अतिरिक्त टैगोर की कुछ प्रसिद्ध रचनाएँ शैशव संगीत, प्रभाव संगीत, सांध्य संगीत, नाटकों में रूद्रचण्ड, वाल्मीकि प्रतिभा, मुकुट, प्रार्थना, डाक घर इत्यादि हैं। गीतांजलि सहित 50 से अधिक काव्य और लगभग 2230 से अधिक गीतों की रचना रवीन्द्रनाथ टैगोर द्वारा की गई। जीवन के आख़िरी समय में उनका झुकाव पेंटिंग की ओर हुआ, उन्होंने तीन हजार से ज्यादा पेंटिंग्स बनाई। उपन्यास, कहानी, गीत, नृत्य-नाटिका, निबंध, यात्रा वृतांत सभी विधाओं में उनकी लेखनी समृद्ध थी। रवीन्द्रनाथ टैगोर जी की लेखनी से ही भारत (जन, गण, मन,) और बांग्लादेश (आमार सोनार) के राष्ट्रगान का प्रादुर्भाव हुआ। वे साहित्य आध्यात्मिक और मर्यादा-पूर्ण रूप से अपने कार्यों को समन्वित करते थे। वे अपने समय की उन महान शख्सियतों में से हैं, जिन्होंने साहित्य के क्षेत्र में अभूतपूर्व योगदान दिया। रवीन्द्रनाथ जी का बांग्ला तथा अँग्रेज़ी दोनों ही भाषाओं पर समानाधिकार था, हमें उनका साहित्य दोनों ही भाषाओं में मिलता है, परन्तु रवीन्द्रनाथ ने ज्यादातर कहानियाँ और कविताएँ अपनी मातृभाषा बांग्ला में लिखी हैं। अपने जीवन काल में इन्होंने विश्वभारती विद्यालय और शान्ति निकेतन विश्वविद्यालय

की स्थापना की जो आज भी प्रतिभाशाली विद्यार्थियों को शिक्षा प्रदान करने का महत्त्वपूर्ण कार्य करता है।

गीतांजलि जैसी प्रमुख काव्य रचनाएँ जो उनकी काव्य प्रतिभा का परिचय कराती हैं, पाठक इन महत्त्वपूर्ण रचनाओं से भलीभाँति परिचित हैं ही। इसी क्रम में उनका काव्य संकलन "नौवाँ गीत" है। इस संकलन में रवीन्द्रनाथ जी की चुनिंदा रचनाओं को सम्मिलित किया गया है।

"नौवाँ गीत" काव्य संकलन में रवीन्द्रनाथ टैगोर प्रेम, प्रकृति, आध्यात्मिकता, मानवीय भावनाओं और सामाजिक मुद्दों जैसे विभिन्न विषयों की पड़ताल करते हैं। उनकी कविताएँ प्रकृति के साथ उनके गहरे संबंध और मानवीय अनुभवों की गहरी समझ को दर्शाती हैं। अपने काव्य संकलन में रवीन्द्रनाथ जी भावुकता और आध्यात्मिक अनुभूति भी व्यक्त करते हैं। उनके इस काव्य संकलन में प्रकृति का महत्त्वपूर्ण स्थान है। इन कविताओं का वर्णन इन्हें जीवंत और आकर्षक बनाता है। संकलन की कविता "निर्झर का स्वप्नभंग" भारतीय स्वतंत्रता की खोज से सम्बंधित है। साम्राज्यवाद के शिकंजे में जकड़े लोगों को मताधिकार के लिए क्रान्ति का सहारा लेना पड़ता है। आत्माओं की उथल-पुथल के बाद लोग अपने आसपास की जेलों से मुक्त होने का आग्रह करते है। "याद आना" कविता में वात्सल्य भाव का मार्मिक वर्णन है। कहीं न होते हुए भी माँ हर जगह विद्यमान है। जीवन के हर पहलू में उसका अक्श दिखाई देता है। आत्मीय प्रेम का सजीव उदाहरण है:-

लगता है माँ मानो अपलक दृष्टि से मुझे निहार रही।
गोद में लेकर माँ का कभी मुझे निहारना-
वह निहारना मानो माँ सारे आकाश में
छितर गई है।

रवीन्द्रनाथ जी की लेखनी प्रेम पर भी प्रकाश डालती हुई नज़र आती है, काव्य संग्रह में कुछ कविताएँ प्रेम के श्रेष्ठ रूप को दिखाती हुई प्रतीत होती हैं। रवीन्द्रनाथ जी के अनुसार प्रेम में स्वतंत्रता का महत्त्वपूर्ण स्थान है। उनके शब्दों में "प्रेम ही एक मात्र वास्तविकता है, ये महज एक भावना नहीं अपितु

यह एक परम सत्य है जो सृजन के समय से हृदय में वास करता है।" इस संकलन की कई सारी कविताओं में रवीन्द्रनाथ जी ने प्रेम को आकर्षक रूप में परिभाषित किया है।

स्वतंत्रता, परतंत्रता का सुन्दर वर्णन आपको "दो पक्षी" कविता के माध्यम से देखने को मिल जाएगा। जैसे पिंजरे का पंक्षी पिंजरे का दास हो जाता है, उसे उड़ने की स्वतंत्रता तथा उसके आनन्द की अनुभूति का भान तक नहीं होता है, इसके विपरीत वनपाखी सदैव आज़ादी चाहता है, वह स्वतंत्रता के महत्त्व से भली-भाँति परिचित होता है। इस कविता में स्वतंत्रता और परतंत्रता का आकर्षक तुलनात्मक चित्रण किया है। प्रकृति प्रेम तथा दार्शनिकता से ओत-प्रोत कविताओं में झरनों का सा निनाद और संगीत की लय स्वरबद्ध बंधी हुई है। रवीन्द्रनाथ जी की कविताओं में नदी और बादल की अठखेलियों से लेकर आध्यात्मवाद तक के विभिन्न विषयों को बखूबी उकेरा गया है। उनकी कविता पढ़ने से उपनिषद की भावनाएँ परिलक्षित होती हैं। महत्त्वपूर्ण बात यह है कि, यहाँ बांग्ला की कविताओं का हिंदी अनुवाद होने के बावजूद कविताओं की मौलिकता और मधुरता बिलकुल कम नहीं हुई है।

—प्रेरणा मिश्रा

अनुक्रम

निर्झर का स्वप्नभंग

आज इस प्रभात में सूर्य की किरणें

कैसे प्रवेश कर गईं प्राणों में,

कैसे प्रविष्ट हुआ गुहा-अंधकार में प्रभात-पक्षी का गान

जानता नहीं, क्यों इतने दिन बाद जाग उठे हैं प्राण!

जाग उठे हैं प्राण

अरे, उद्वेलित हो उठा जल

अरे, प्राणों की वेदना-आवेग प्राणों का रोक नहीं पा रहे उसका बल।

थर-थर-थर काँप रहे भूधर

ढेर-ढेर चट्टानें गिर रहीं टूट-टूट कर

उफन-उफन कर सफेद जल

गरज उठता है क्रोधाविष्ट होकर।

घुमड़ता हुआ, जैसे कोई पागल,

यहाँ-वहाँ-मदोन्मत्त जल

चाहता है उन्मुक्त बहना, देख नहीं पाता किंतु मुक्तिद्वार है कहाँ!

क्यों रे विधाता, ऐसा पाषाणहृदय क्यों?

चारों ओर उसके ऐसे बंधन क्यों?

तोड़ रे हृदय, तोड़ ये बंधन

साध, आज साध प्राणों का साधन,

लहरों पर उठा लहरें

आघात पर आघात कर!

हो उठे जब मदोन्मत्त प्राण

किसका अँधेर–किसके पाषाण!

जाग उठे जिस क्षण चाहना

तब भला दुनिया में किसका डर!

मैं बहाऊँगा करुणा की धारा

तोड़ूँगा मैं पाषाणी कारा

भर दूँगा जल से सारा जहान

गाते हुए किसी पागल के समान

केश खोल कर, फूल बटोर कर

इंद्रधनुषी पंखों पर उड़–उड़ कर

सूर्य की किरणों पर हँसी बिखेरकर

ढाल दूँगा प्राण।

शिखर–शिखर पर दौड़ूँगा

भूधर–भूधर पर लोटूँगा

खिलखिल हँसकर, कलकल गाकर, ताल–ताल दे छेड़ूँगा तान।

इतनी बातें हैं, इतने गान हैं, प्राणों का मेरे नहीं ओर–छोर

इतना सुख है, इतनी साधे हैं, हो उठे प्राण मेरे विभोर।

पता नहीं, क्या हुआ आज, कि जाग उठे मेरे प्राण

दूर से सुन रहा हूँ जैसे महासागर का गान

अरे, चारों ओर मेरे

ये किस कठिन कारा के घेरे!

तोड़ो तोड़ो तोड़ो कारा–आघात पर आघात करो करारा!

अरे, आज पाखी ने कौन–सा गान गाया

सूर्य अपनी किरणों के साथ निकल आया!

'प्रभात संगीत' से, 1882

❑

प्राण

मरना नहीं चाहता मैं इस सुंदर भुवन में,
मनुष्य के मध्य मैं चाहता हूँ जीना।
इस सूर्यालोक में—इस पुष्पित कानन में
जीवंत हृदय मध्य यदि स्थान पा सकूँ–
(चाहता हूँ जीवन रस पीना।)

चिरकाल से चलता आ रहा धरा पर प्राणों का खेल,
मिलन विछोह कितने मुदित, कितने अश्रुमय–
मानव के सुख-दुःख में कर संगीत का मेल
रच पाऊँ यदि मैं अमरता का आलय।

संभव न कर पाऊँ यदि उसे, तो जिऊँ जितने समय
तुम सबका सान्निध्य पाता रहूँ,
तोड़ोगे तुम उन्हें प्रातः में और संध्या समय
नये-नये संगीत-सुमन खिलाता रहूँ।
हँसते हुए तुम उन्हें चुन लेना
सूख जायें, तो उन्हें फेंक देना।

'कड़ि ओ कोमल' से, 1886

❑

व्यक्त प्रेम

क्यों तब उलट दिया लज्जा का आवरण!
तोड़ कर हृदय-द्वार बाहर लाये निकार
पथ के मध्य करोगे क्या शरण-अशरण?

अपने अंतर में मैं अपने संग बैठी थी
दुनिया-भर के अनगिन काम व्यस्त थी आठों याम
जैसे सभी थे, मैं भी वैसी ही थी

चुनने पूजा के फूल जाती मैं जिस क्षण
पथ वह छायादार लदी लताएँ छतनार
उसी सरसी तट पर शोभित कनेरवन—

कुहुकती कोयल वहाँ शिरीष की शाख़ पर
प्रभात में सखियों संग मेल-मिलाप
कितनी खिलखिल, कितने क्रीड़ा-कलाप
जानता था कौन, क्या है प्राणों के तल्प पर

खिलते वसंत में बेलमोतिया के फूल
कोई गूँथ कर माला पहनती कोई उन फूलों से डलिया भरती
उड़ा-उड़ा देती दखिनहरी सिर-कंधों के दुकूल

वर्षा में घन घिरते, दामिनी के क्रीड़ा-कलाप चलते
चारों छोरों के मैदान-प्रांतर
एकाकार होते मेघों-वनों में रल-मिल कर
अपराह्न वेला में जुही के फूल खिलते

वर्ष पर वर्ष बीतते जाते, व्यस्त रहती घर के काम में
सुख और दुख के बीच हर दिन जाता बीत
गोपन सपने आते निशि में बाँह थामने

अंतर में निहित प्रेम होता कितना पावन
अंधे हृदय-तल में माणिक-सा लगे दिपने
उजाले में दीखे किंतु कलंकित-अपावन

छि: छि:, नारी का हृदय भेद, तुमने भेद लिया
लज्जा-भय से कातर काँप रहा प्रेम थरथर
उसके छिपने का स्थान, निर्दय, तुमने हरण किया

आज भी आती हैं ऋतुएँ वसंत-शरत्
टेढ़ी-मेढ़ी शाख़ों पर चम्पा की सुनहरे फूलों की छटा छहराती
चुनतीं उन्हें सखियाँ, वही छायादार पथ

तब जैसे थे सब, आज भी वैसे ही
वही रोना-हँसना, वही गृह-कार्य, वही प्रेम में पगना
पूजार्चन, दीपदान, जल-कर्षण वैसे ही

उनके अंतस् में तो झाँकता नहीं कोई
लेता नहीं कोई भेद गोपन हृदय को भेद
अपना ही मर्म वे जानतीं नहीं कोई

आज मैं छिन्न पुष्प सदृश राजपथ पर पड़ी हूँ
पल्लवों के सुचिक्कन छायास्निग्ध आवरण
से बिछुड़ धूल-मिट्टी में गड़ी हूँ

व्यथा से मेरी नितांत व्यथित, प्रेम-स्पर्शमय
चिरकाल को दोगे आश्रय मुझे अंतस्तल में अपने
इसी आशा से था खोल दिया निज हृदय

क्या कह कर आज मुँह फेर रहे हो तुम
आये थे भूलवश, भूलवश ही प्रेम-विवश
भूल-भ्रम टूट गया, चल दिये विमुख हो तुम

तुम तो लौट जाओगे आज-कल, किसी भी क्षण
किंतु मेरे लौटने को पथ कहाँ रखा; गेहूँ जो
धूलिसात् कर दिया मेरा हृदय-आवरण

कितनी निदारुण भूल है ये
छोड़ कर निखिल निलय के शत-शत प्राण
क्यों भला इधर हुए गतिमान
पैठे इस हतभागिनी के हृदय में

सोच कर देखो, मुझे कहाँ ले आये हो
लाखों आँखों से घूरती उत्सुकता
कौतुक से भरी दीठि की क्रूरता
देखती रहे मेरा अनावृत कलंक, यही सोच कर आये हो!

वापस ले लेना था प्रेम को यदि अपने
क्यों मेरी लज्जा लूटी छोड़ चले एकाकी
निर्वसन करके इस विशाल विश्वायतने?

'मानसी' से, 1888

❑

दो पक्षी

पिंजरे का पक्षी था सोने के पिंजरे में
वन का पक्षी था वन में।
एक बार जाने कैसे मिलन हुआ दोनों का
जाने क्या था विधाता के मन में!
कहा वन के पक्षी ने 'ए भाई पिंजरे के पक्षी,
चलें, आओ, दोनों साथ-साथ वन में!'
कहा पिंजरे के पक्षी ने 'आओ, वन के पक्षी,
रहें पिंजरे के एकांतपन में!'
जवाब में कहा वन के पक्षी ने,
'न, मैं पिंजरे की जकड़बंदी में नहीं आऊँगा!'
(घबराकर) कहा पिंजरे के पक्षी ने
'हाय, मैं बाहर वन में कैसे जाऊँगा!'
वन का पक्षी बोला 'गहरा नीला है आसमान
बाधा नहीं है कोई वहाँ।'
पिंजरे का पक्षी बोला 'देखो पिंजरे की बनावट
कितनी सुरक्षा है यहाँ!'
वन का पक्षी बोला 'मेघों के दरमियान
छोड़ दो अपने को पूरी तरह!'
पिंजरे का पक्षी बोला 'यहाँ के सुखद एकांत में
बंद कर दो अपने को पूरी तरह!'
वन का पक्षी बोला
'नहीं-नहीं, वहाँ उड़ कैसे पाऊँगा?'

पिंजरे का पक्षी बोला
'हाय, मेघों में बैठने की जगह कहाँ पाऊँगा?'
इस तरह दो पक्षी एक दूसरे को प्यार करते हुए भी
निकट नहीं आ पाते,
पिंजरे की दराज़ों से चोंच से चोंच को छूते-सहलाते
ख़ामोश आँखें निहारते-भर रह जाते।
दोनों में से कोई अगले को समझ नहीं पाता
न समझ पाता स्वयं अपने को।
दोनों ही अकेले-अकेले पंख फड़फड़ा-फड़फड़ा
कातर स्वर में कहते पास आने को।
वन का पक्षी बोला 'न जाने कब पिंजरे का द्वार बंद हो जाए।',
पिंजरे का पक्षी बोला, 'ओऽऽ,
मेरे शरीर में शक्ति कहाँ कि उड़ पाये!'

'सोनारतरी' से, 1892

❑

स्वर्णतरी

मेघ गरज रहे गगन में, हो रही धारासार वर्षा
तट पर बैठा हूँ मैं एकाकी, घेरे है निराशा।
ढेर-ढेर मचान भर-भर धान की फसल तैयार है कटकर
उफनती नदी की छुरे-सी तेज धार-तीक्ष्णस्पर्शा,
धान-कटाई के बीच ही होने लगी वर्षा।

एक छोटा-सा खेत और मैं अकेला
चारों ओर जल की ऐंड़ी-बेंड़ी चाल का झमेला
देखता हूँ उस पार अँधेरे की स्याही-पुते वृक्षों का आकार
गाँव में मेघाच्छन्न प्रभात-वेला
इस पार छोटे-से खेत में मैं अकेला

गान गाते–नाव खेते कौन पार आ रहा
देखने पर लगे, मैं उसे पहचान पा रहा
भरा हुआ पाल है, तेज़ रफ़्तार में चला जा रहा
इधर-उधर किधर भी नज़र नहीं दौड़ा रहा,
असहाय लहरें दोनों ओर टूटती हुई,
देखने पर लगे, मैं उसे पहचान पा रहा

कहो, किस विदेस में जा रहे हो, ओ!
नाव अपनी ज़रा किनारे लगाओ तो!
जहाँ जाना हो वहाँ चले जाना, जिसे देना हो उसे दे आना
बस पल भर को अपनी हँसी बिखराओ
तट पर आकर मेरा सोना धान लेते जाओ!

मन-मरजी से लाद लो नाव पर
और? और नहीं, सारा तो दिया भर
अब तक नदी-तट पर जो रखा था भूल कर
सारा चढ़ा दिया—एक पर एक तहा कर,
अब मुझे भी चढ़ा लो, कृपा कर!
जगह नहीं बची, जगह नहीं बची
छोटी-सी तरी, मेरे सोना धान से ही भर गई!
घिरा खड़ा है सावन का आसमान
मँडराते मेघों का तना हुआ वितान
सूनी नदी पर मैं अकेला रह गया
जो कुछ था, स्वर्णतरी में लद गया।

'सोनारतरी' से, 1892

❑

रात में—प्रभात में

कल चाँदनी नहाई मधुयामिनी में कुंजकानन में सुखकर
फेनिलोच्छल यौवन-सुरा रखी तुम्हारे मुख पर
निहारते हुए तुमने मेरी आँखों में
पात्र लिया आहिस्ते से अपने हाथों में
हँसते हुए पान किया तुमने चुम्बनयुक्त सरस बिम्बाधरों से
कल चाँदनी नहाई मधुयामिनी में, भर मधुर आवेश से
तुम्हारा अवगुंठन
खोल दिया मैंने छिन्न कर बंधन
रखा मैंने अपने सीने पर खींचकर तुम्हारा कमल-कोमल कर
भाव-विभोर हो बंद थे तुम्हारे नयन, निःशब्द थे अधर
करके बंधन ढीला
मैंने तुम्हारी केशराशि को खोला
और भावविभोर हो
सीने से सटा लिया तुम्हारे अवनत मुख को
सखी, सारी प्रेमाभिव्यक्ति मेरी सह ली तुमने सस्मित मुख से
कल चाँदनी नहाई मधुयामिनी में, नूतन मिलन-सुख से
आज निर्मल वायु में, शांत उषाकाल में, निर्जन नदी तट पर
शुभ्रवसन धारे चल रही हो धीरे-धीरे, स्नान से निबट कर।
वाम कर में अपने लिये हुए डाली
कितने-कितने फूल चुन रही हो, आली!
दूर देवालय-तल में उषा-रागिनी में बज रहा वंशी-स्वर

इस निर्मल वायु में, शांत उषाकाल में, जान्हवी के तट पर।

देवि, माँग तुम्हारी

सिंदूर की नव-अरुण रेख ने सँवारी

तरुण चंद्रमा की भाँति शंख के कंकण शोभ रहे वाम बाहु में तुम्हारी

प्रभात वेला में यह कैसी मंगलमयी छवि विकस रही है तुम्हारी

रात में प्रेमा का रूप भर

आई थीं तुम, मधुराधर,

प्रभात में यह कैसा देवी-रूप धार

उदित हुई हँसते हुए, कैसी महिमा अपार!

खड़ा हूँ नतशिर मैं स-भय श्रद्धा से भर

आज निर्मल वायु में, शांत उषाकाल में

निर्जन नदी-तट पर।

'चित्रा' से, 12.02.1986

❑

भ्रष्ट लग्न

सिरहाने शय्या के प्रदीप बुझा अभी अभी
कोकिल का स्वर सुनकर भोरवेला में मैं जगी।
अलस चरण चल कर आ बैठी हूँ झरोखे पर
नया-ताज़ा गजरा बाँध लिया शिथिल केशों पर।
ऐसे मुहूर्त में अरुण-धूसर पथ पर
दीख पड़ा तरुण पथिक आता राजरथ पर।
उषाकाल में स्वर्णमुकुट है आलोकित
मोतियों की माला उसके कंठ में है शोभित।
व्यग्र चरण चल वह आया मेरे द्वार पर
'कहाँ है वह', 'कहाँ है वह', गूँजा उसका कातर स्वर।
लज्जा में गड़ कर, हाय, बोल नहीं पाई मैं:
'नवीन पथिक, वह मैं हूँ यह, हूँ वही मैं।'
गोधूलि वेला में अभी जले नहीं थे दीप
माथे पर मेरे अंकित हुई सुवर्ण टीप।
स्वर्ण दर्पण ले, मैं आई झरोखे पर
अपने में डूबी, जूड़ा बाँधती हुई रुचिकर।
देखा तभी, संध्याकाले धूसर पथ पर
करुणनयन तरुण पथिक को आते रथ पर।
घोड़े पसीने से लथपथ और आकुल
वसन-आभूषणों पर धूल ही धूल।
क्लांत-श्रांत वह आया मेरे द्वार पर
'कहाँ है वह', 'कहाँ है वह', फिर गूँजा कातर स्वर।
लज्जा में गड़कर, हाय, बोल नहीं पाई मैं;

'श्रांत पथिक, वह मैं हूँ यह, हूँ वही मैं।'
फाल्गुनी निशा, दीप जलता हुआ मेरे घर
दखिनहरी शमित होती, आकर मेरे सीने पर।
स्वर्णपिंजर में वाचाल सारिका सोई पड़ी
द्वार-सम्मुख द्वारपाल भी निद्रालीन उस घड़ी।
धूप के धुएँ से धूसर फूलशय्या वाला कक्ष
अगरु गंध से आकुल मेरे सभी अंग, बक्ष।
बक्षोजों पर मयूरकंठी चोली सुधर
दूर्वा-सदृश श्यामल आँचल खींच बक्ष पर,
धूलि में बैठी हुई, झरोखे के नीचे उतर
दृष्टि टिकी हुई मेरी विजन राजपथ पर।
त्रियामा यामिनी में, एकाकी गानरत मैं—
'हताश पथिक, वह मैं हूँ यह, हूँ वही मैं!'

'कल्पना' से, 1897

❏

विरह

तुम जिस समय गये–थी तब दोपहर
सूर्य था आकाश-मध्य, धूप थी प्रखर।
गृह-कार्य सारे समेट कर
थी निपट एकाकी,
अनमने मन से
जा बैठी थी झरोखे पर।
तुम जिस समय गये
थी तब दोपहर।
चैत में नानाविध खेतों पर
तिरती थीं जो नानाविध गंधें
उनसे लदी-फदी तप्त हवा
आ रही थी मुक्त द्वार से होकर।
दो घुग्घू दिन-भर
शोर मचाते रहे चीख-चीख कर,
एक भँवरा बस् यहाँ-वहाँ डोलता रहा
चैत के नानाविध खेतों की
नानाविध बातें बोलता रहा।
पथ निपट निर्जन था, थका-थका-सा था ग्राम
झाऊ की शाखों पर सर्-सर् स्वर अविराम।
मैं थी निपट एकाकी
कहीं दूर से आती
बाँसुरी की तान से

गूँथा था मन-प्रान से
पूरे वितान पर न जाने मैंने किसका नाम!
पथ निपट निर्जन था, थका-थका-सा था ग्राम।
सभी घरों के दरवाज़े बंद थे, एक बस् मैं ही थी जगी हुई
हवा की उदासी से फुर्-फुर् उड़ रहे थे केश—
क्योंकि थे बँधे नहीं, गूँथ थी खुली हुई।
तट पर के वृक्षों की छाँह से घिरी
उर्मियों से रहित नदी थी ठहरी
तपते आकाश की शिथिल और म्लान छवि
उजले-अलस मेघों से पगी हुई
सभी घरों के दरवाज़े बंद थे,
एक बस् मैं ही थी जगी हुई।
तुम जिस समय गये
थी तब दोपहर,
सूर्य था आकाश-मध्य
धूप थी प्रखर।
वटवृक्ष की सघन छाया में, एक शाख़ा पर
गुटरगूँ-गुटरगूँ कर रहे थे दो कबूतर,
अकेले मैं ही बैठी थी झरोखे पर
सूना था शयनघर।
तुम जिस समय गये
थी तब दोपहर।

'क्षणिका' से, 1900

❑

कृष्णकली

उसे ही मैं कृष्णकली कहता हूँ
अन्य ग्राम-जन जिसे कहते हैं काली।
मेघाच्छन्न दिन में मैदान में देखी थीं
काली लड़की की हिरनी-सी आँखें काली।
बिना पल्लू के था उसका माथ
खुली वेणी झूलती थी पीठ के साथ
काली? अरे, कितनी ही हो काली
देखी थीं उसकी हिरनी-सी आँखें काली!
घने बादलों का अँधेरा घिरते देख
रँभा उठीं दो कलोर गायें,
श्यामली लड़की कुटी से बाहर भागी
अस्त-व्यस्त, बिना निहारे दायें-बायें
आकाश की ओर तान बंकिम भौंहें
सुनी एक बार उसने मेघों की रिसौंहें
काली? अरे, कितनी ही हो काली
देखी थीं उसकी हिरनी-सी आँखें काली।
पूर्वा हवा एकदम दौड़ती-सी आई
धान के खेत में लहर लहरा उठी,
पगडंडी पर एकाकी मैं ही था खड़ा
मानुस-छाँह मैदान में और कोई न थी।
देखा उसने ध्यान से क्या मुझे?
जानता हूँ मैं, या पता होगा सिर्फ़ उसे।
काली? अरे, कितनी ही हो काली

देखी थीं उसकी हिरनी-सी आँखें काली।
इसी भाँति ईशान कोण से
जेठ के महीने काली घटा घहराती है,
इसी भाँति आषाढ़ मासे-तमाल वने
काली-कोमल छाया उतर आती है।
इसी भाँति कजरारी रातों में सावन की
घनी हो उठती बरबस, ख़ुशी मन में, मनभावन-सी
काली? अरे कितनी ही हो काली
देखी थीं उसकी हिरनी-सी आँखें काली।
उसे ही मैं कृष्णकली कहता हूँ
अन्य जन मन में करें कुछ भी जुगाली,
देखी थीं मॅयनापाड़ा मैदान में
काली लड़की की हिरनी-सी आँखें काली।
माथे पर उसके चल नहीं था ढला
लज्जा-अनुभूति का समय ही कहाँ मिला!
काली? अरे कितनी ही हो काली
देखी थीं उसकी हिरनी-सी आँखें काली।

'क्षणिका' से, 1900

❑

प्रतिज्ञा

मैं तापस नहीं होऊँगा–नहीं होऊँगा–नहीं होऊँगा
कोई कुछ भी कहे।
मैं तापस नहीं होऊँगा, निश्चय ही, यदि
तापसी न मिले।
मैंने किया है कठिन प्रण
यदि न मिले मौलसिरी-वन
विजित न कर पाऊँ मन के अनुकूल मन
तो होऊँगा नहीं तापस, नहीं होऊँगा
पाऊँ नहीं यदि वह तापसी।

मैं घर नहीं त्यागूँगा, बाहर नहीं जाऊँगा
होऊँगा नहीं उदासीन संन्यासी
यदि घर के बाहर हँसकर न मिले
कोई भुवनमोहनी हँसी।
यदि न उड़े नील आँचल
मधुर समीर में लहरा-लहरा कर
यदि बजे नहीं कंकण-नूपुर
रुनुक-झुनुक की ध्वनि कर–
मैं होऊँगा नहीं तापस, होऊँगा नहीं
पाऊँ नहीं यदि वह तापसी।

मैं तापस नहीं होऊँगा, तुम्हारी शपथ नहीं होऊँगा
यदि उस तप के बल से
कोई नूतन विश्व किसी नूतन हृदय में

निर्मित न कर पाऊँ
यदि वीणा के तार झंकृत कर
किसी हृदय-द्वार को भेद कर
किन्हीं नयी आँखों के संकेत न चीन्ह पाऊँ
मैं तापस नहीं होऊँगा—नहीं होऊँगा—नहीं होऊँगा
तापसी को बिना पाये।

'क्षणिका' से, जुलाई, 1900

❑

प्रतिनिधि

चाहा था तुमने इस श्यामा धरा को
हँसी में तुम्हारी मानो तृप्ति-भाव भरा हो
निखिल विश्व के जीवन-स्रोत से मिलकर
जाना था तुमने ख़ुश होना खिलकर
इसी से हृदय तुम्हारा था हरने वाला मन-प्राण को
अपनी थी यह श्यामा धरा तुम्हारे हृद्-वितान को।

आज इस प्रांतर में, जाकर आकाश के पार
निरखते हुए डोल रहे तुम्हारे नयन रतनार
तुम्हारा वह हास्य
निरखने का वह आनंद-लास्य
चलता है गाकर विदागान, सबका स्पर्श कर
इस ताड़वन को-ग्राम-प्रांतर को पार कर

अपनी वह चाहना मेरी आँखों में आँज कर
रख गई हो अपना देखना मेरी आँखों में सहेज कर
आज मैं अकेले-अकेले
देख रहा हूँ दोनों को देखना दुकेले
भोग कर रही हो; मेरे मन में निवास कर
अपनी मुग्ध दृष्टि मेरी पुतलियों में आँज कर
यह जो शिशिर की उजास वन में सिहर रही है
शिरीष की पत्र-राशि हवा में झर रही है
मेरा-तुम्हारा मन
क्रीड़ारत सकल क्षण

छाया-आलोक के इस आकुल कंपन में
शिशिर-मध्याह्न के इस मरमरयुत वन में

मेरे जीवन में तुम जियो अपना जीवन
मेरा मन हो तुम्हारी कामना का अयन
कि मैं मन में मानूँ—
गुपचुप गुपचुप जानूँ
तुम मेरे मन में हो, मैं हूँ तुम्हारा ही मन।
मेरे जीवन में तुम जियो अपना जीवन।

'स्मरण' से, 1902

❑

मरीचिका

अपनी ही गंध से उन्मत्त हो
कस्तूरी मृग की भाँति
वन-वन मारा-मारा फिरता हूँ।
फाल्गुनी निशि में दक्खिनी पवन
अपना दिशा-पथ खोज नहीं पाता
जो चाहता हूँ उसे भूलवश चाहता हूँ
जो पाता हूँ उसे रंच नहीं चाहता।

वासना मेरी हृदय से बाहर आ
मरीचिका की भाँति भ्रमती है यहाँ-वहाँ
बाँहें पसार उसे अंक भर लेता हूँ
किंतु फिर अंक में पाता हूँ उसे कहाँ!
जो चाहता हूँ उसे भूलवश चाहता हूँ
जो पाता हूँ उसे रंच नहीं चाहता।
जैसे वंशी मेरी चाहती है रख लेना
सुर में बाँध कर अपने गान
आकुल-व्याकुल किसी पागल के समान
जिसे बाँध रखता हूँ, उसमें खोजने पर,
रागिनी नहीं पाता
जो चाहता हूँ उसे भूलवश चाहता हूँ
जो पाता हूँ उसे रंच नहीं चाहता।

'उत्सर्ग' से, 1903

❑

शुभ क्षण

ओ माँ आज राजपुत्र मेरे घर के समुख-पथ से जायेगा
सुबह का गृहकार्य आज मुझसे कैसे हो पायेगा!
बताओ, किस भाँति मैं सजूँ साज
कैसे केश सवाँरूँ–कैसे जुड़ा बाँधूँ आज
किस रंग के वस्त्र, देह पर किस ढंग से पहनूँ?
माँ ओ क्या हुआ तुम्हें! अवाक् दृष्टि से मुझे ताक रही हो क्यूँ?
मैं खड़ी होऊँगी गवाक्ष के जिस कोने में
देख नहीं पायेगा वह मुझे, जानती हूँ अपने होने में,
निमिष-मात्र में देखना हो लेगा,
चला जायेगा वह बहुत दूर
बस संग लगी बाँसुरी, किसी प्रांतर से,
छेड़ेगी विकल व्याकुल सुर
तब भी आज राजपुत्र जायेगा मेरे घर के सम्मुख-पथ से
मात्र उसी क्षण के लिए, बिना सजे-सवँरे, बोलो, रहूँगी कैसे?
ओ माँ राजपुत्र मेरे घर के सम्मुख पथ से चला गया
भोरवेला का आलोक
उसके रथ के स्वर्णशिखर पर झलमला गया
अवगुंठन हटाकर, गवाक्ष से, ओ माँ,
एक झलक मैंने राजपुत्र को निहार लिया
मणिहार तोड़कर फेंक दिया उसके पथ की धूलि पर
ओ माँ क्या हुआ तुम्हें, अवाक् दृष्टि से ताक रही हो क्यूँकर!
मेरे टूटे हार की मणियाँ वह बटोर नहीं ले गया
रथ का चक्का उन्हें चूर-चूर कर बिखेर गया

चक्के का चिह्न ही बस बचा रह गया
मैंने क्या दिया—किसे दिया, कोई नहीं जानता,
धूल–ढका रह गया।
तो भी राजपुत्र चला गया मेरे घर के सम्मुख-पथ से
अपने हृदय की मणि बिना फेंके, बोलो, रहूँगी भला कैसे?

'खेया' से, 29.07.1905

❑

अनावश्यक

काँस-वन में सूने नदी-तट पर आकर पुकारता हूँ उसे–
'एकाकी पथ पर जाती धीरे-धीरे, कौन हो तुम,
आँचल की आड़ से दीपक को ढके?
मेरे घर में जोति नहीं जली
अपना दीपक वहाँ रख दे, ओ बावली!'
गोधूलि वेला में, पल-भर को, अपने दो काले नयन मेरी ओर उठाकर
उसने कहा–
'प्रवाहित करनी है जल में जोति
इसीलिए आई हूँ तट पर, जब
दिन डूब रहा।'
काँस-वन में खड़ा मैं देखता रह गया
व्यर्थ ही नदी में एक दीपक बह गया।
भरपूर संध्या में अँधेरा घिर आने पर पुकारता हूँ उसे–
'अपने घर को पूर्ण आलोकित कर, यह दीप सौंपने जा रही हो किसे?
मेरे घर में जोति नहीं जली
अपना दीपक वहाँ रख दे, ओ बावली!'
दो काले नयन पल-भर को मेरी ओर, खोये-से, देखते रहे
और उसने कहा–
'अपना आलोक यह
आकाश-प्रदीप के शून्य में
दूँगी ऊँचा उठा।'
खड़ा-खड़ा, टुकुर-टुकुर देखता रहा
आकाश के सूने कोने में व्यर्थ ही दीप जल रहा।

अमा-निशि में दो पहर बीतने पर गया मैं उसके पास
'अरे, तुम दीपक को, सीने से सटाये, लिये जा रही हो किसके पास?
मेरे घर में जोति नहीं जली
अपना दीपक वहाँ रख दे, ओ बावली!'
अँधेरे में तब दो काले नयनों ने क्षण-भर को मुझे देखा
और उसने कहा—
'लाई हूँ यह आलोक
दीपमालिका में ले-जा
इसे दूँगी सजा।'
खड़ा-खड़ा अकृत्कार्य देखता रहा
लाखों दीपों के साथ, व्यर्थ ही, उसका दीप जल रहा!

'खेया' से, *10.08.1905*

❏

कृपण

मैं भिक्षाटन करती फिरती थी गाँव के पथ-पथ पर
तब तुम निकले थे, अपने स्वर्णरथ पर
किसी अद्भुत-अपूर्व स्वप्न की भाँति मेरी आँखों को लगा
कैसी तो अद्भुत तुम्हारी शोभा, कैसा अद्भुत सजा साज!
सोचा निज मन में–कौन हैं ये महाराज!

आज शुभ मुहूर्त में रात बीती, तब मैंने सोचा,
द्वार-द्वार मुझे आज भटकना नहीं होगा।
घर से बाहर निकलते–न निकलते
देखा किसे, पथ से गुज़रते
चलते हुए रथ से लुटाओगे धन-धान्य जी खोलकर
मुट्ठी भर-भर, ढेर का ढेर, ले जाऊँगी बटोर कर

देखती हूँ रथ सहसा थम गया मेरे निकट आकर
निहारते मेरा मुख उतरे तुम हँसकर
देखकर तुम्हारे मुख पर प्रसन्नता
शांत हो गई मेरी सारी अंतर्व्यथा
तब फिर तुमने किस वस्तु के लिए हठात्
'मुझे कुछ दो!' कहते फैला दिये थे हाथ?
हाय मैं मरी! यह कैसी बात कही तुमने राजाधिराज!
'मुझे कुछ दो!' कह, तुमने क्या माँगा आज!
सुनकर पल-भर
खड़ी रही माथा झुका कर

किसी वस्तु की कमी है तुम्हें भला
भिखारी से भिक्षुक को कब क्या मिला!
क्या मात्र कौतुकवश मुझे यूँ चिढ़ाना?
आख़िरकार, झोली से निकाल, दे दिया एक दाना

जब भिक्षापात्र घर लाकर खाली करती हूँ
यह क्या?
भिक्षा में एक स्वर्णकण देख–अचरज से भर उठती हूँ
राजा-भिखारी को जो दिया अकिंचन होकर
लौट आया वही, अरे, सुबरन होकर!
रो पड़ती हूँ तब आँखों में आँसू भर
क्यों नहीं दे दिया तुम्हें अपना सब, खाली कर?

'खेया' से, 26.03.1906

❑

शंख

तुम्हारा शंख धूल में पड़ा है, सहूँगा कैसे यह!
वातास और प्रकाश गत-शेष हो गये, कैसा दुर्दैव यह!
लड़ेगा कौन, आ, ध्वज लेकर आ!
गान जिसे गाना है, उठ न, गा!
चलना है जिसे, चल, दौड़कर आ!
आ न रे, आ! होकर निःशंक!
धूल में पड़ा है वह निहारता हुआ अभय शंख।

चला था पूजाघर को साजकर पुष्प-अर्घ्य
पूरा दिन बीतने पर खोज रहा कहाँ है स्वर्ग
सोचा था मेरा हृदय-क्षत
इस बार हो लेगा विगत
धोकर मलिन चिह्न, जो भी हैं,
हो लूँगा निष्कलंक
देखता हूँ, पथ में धूल-धूसरित पड़ा है तुम्हारा महाशंख!
क्या यही है आरती का दीया जलाना
क्या यही है मेरी संध्या?

गूँथूँ गुड़हल की माला?
हाय री रजनीगंधा!
सोचा था जूझा-जूझी से मुक्ति पा
विराम खोज पाऊँगा
चुका कर देना-पावना, लूँगा शरण तुम्हारे अंक में
ऐसे समय में लगा, पुकारा तुम्हारे नीरव शंख ने

यौवन की पारसमणि का, तब फिर, दो स्पर्श
दीपक राग से हो उठे ध्वनित दीप्त प्राणों का हर्ष
निशा का वक्ष विदीर्ण कर
गगन को उद्बोधन से भर
अंधे दिग्-दिगंत में जगाओ न आतंक!
उठा लूँगा आज दोनों हाथों में तुम्हारा जयशंख।

जानता हूँ, हाँ जानता हूँ, और तंद्रा नहीं छायेगी मेरी आँखों में
जानता हूँ, सावन की झड़ी की भाँति बाण बिंधेंगे मेरे सीने में
कोई तो दौड़कर आयेगा मेरे पास
कोई तो रोयेगा भर-भर दीर्घश्वास
दुःस्वप्न के त्रास से काँपेगा शयन-पर्यंक
बजेगा आज महोल्लास से तुम्हारा महाशंख।

तुम्हारे निकट विश्राम की इच्छा कर पाई सिर्फ़ लज्जा
अब सकल अंगों पर छाकर करो मेरी रणसज्जा
आयें नये-नये व्याघात
रहूँगा अचल खाकर भी आघात
मेरे हृदय-विषाद में बजेगा तुम्हारा विजय डंक
दूँगा अपनी सारी शक्ति, लूँगा तुम्हारा अभय शंख।

'बलाका' से, *16.05.1914*

❑

नौवाँ गीत

ज्वार से उमड़ रहा आज आनंद सागर

बैठ जाओ सभी लोगों डाँड़ सँभाल कर

मारो जल्दी-जल्दी डाँड़, मारो हाँ रे!

जितना भी लद सके, लादकर

दुःख-तरी ले चलनी है पार-पर

मुठभेड़ करनी है लहरों से–

प्राण अगर जायें, तो जायें हाँ रे!

पीछे से कौन आवाज़ दे रहा, बरज रहा है भला कौन?

जानता हूँ, सारे भय जानता हूँ, भय की बात आज कर रहा कौन?

किस शाप और किस ग्रह-दोष से

बैठे रहें तट पर हम संतोष से

कसकर थामो पालों की रस्सियाँ

बढ़े चलो गान गाते, बढ़ो हाँ रे!

'गीतांजलि' से, 1910

❑

पचीसवाँ गीत

देखता हूँ अहरह
कि तुम्हारा विरह
भुवन-भुवन में रज रहा।
कितने-कितने रूपों में
वनों में–पर्वतों में
आकाश और सागर में सज रहा।
सारी रात तारक-तारक से
अपलक नयनों–निःस्वन व्यक्त होता
सावन की झड़ी में
पत्ते-पत्ते पर
तुम्हारा ही विरह बज रहा।
घर-घर में आज कितनी ही वेदनाओं में
तुम्हारा ही विरह ध्वनित होता
कितने प्रेम में–कितनी वासनाओं में
कितने सुख दुःख में
कितने ही कामों में
तुम्हारा ही विरह सघन गरज रहा।
सकल जीवन को उदासी से भरता
कितने गान-सुरों में गल-गल झरता
विरह तुम्हारा मेरे हिये भर-छलक रहा।

'गीतांजलि' से, 1910

❏

दान

हे प्रिय, आज इस भोर वेला में
निज कर से
क्या दूँ तुम्हें दान?
प्रभात का गान!
प्रभात तो सूर्य की तपती किरणों से
अपने वृन्त पर ही मुरझा जाता है।
अवसन्न गान का अवसान हो जाता है।

हे बंधु, दिनांत वेला में
आकर मेरे द्वार
क्या चाहते हो?
क्या तुम्हें दूँ लाकर?
संध्या-दीप!
इस दीपक का प्रकाश, यह तो निर्जन कोने का है—
स्तब्ध भवन का है।
तुम इसे अपने साथ जन-संकुल पथ पर ले जाओगे?
हाय, यह तो पथ पर हवा के झोंके से बुझ जाता है।
वह अजानी रोशनी ही वह उपहार है
और वह तुम्हारा है।
मेरी जो श्रेष्ठ सम्पदा है, वह है झलमल-भर
दिखी नहीं, कि पलक झपकते न झपकते
उड़नछू हो गई!
अपना नाम बताती

पथ को सुर से सिहरा कर
नूपुर लरजाती चली जाती है।
वहाँ की राह नहीं जानता—
न वहाँ हाथ की रसाई है—न आवाज़ की सुनवाई है।
बंधु, वहाँ जो कुछ अपना समझ अपने-आप पाओगे
अनजाना-अनदेखा—
वही उपहार है
और वह तुम्हारा है।
मैं जो दे सकता हूँ वह है न-कुछ-सा दान
भले फूल, या वह हो गान।

'बलाका' से, 25.12.1914

❑

न्याय

हे मेरे सुंदर,
जाने वे कौन हैं जो पथ के आमोद-प्रमोद से मतवाले हो
जाते-जाते जब
तुम्हारे गात पर धूल उछालते हैं
मेरा हृदय हाय-हाय कर उठता है।
रोते हुए कहती हूँ, हे मेरे सुन्दर,
आज तुम दंडधर होकर न्याय करो!
उसके बाद देखती हूँ,
यह क्या!
तुम्हारे न्यायालय का द्वार खुला हुआ
और तुम्हारा न्याय नित्य चलता हुआ!
उनके कलुषता से लाल-लाल नेत्रों पर
भोर की रोशनी शांत भाव पड़ती है,
वनमल्लिका की शुभ्र सुरभि
लालसा के उद्दीप्त निःश्वास को परसती है,
संध्यातापसी के हाथों प्रज्वलित
सप्तर्षियों की पूजा-दीप-माला
उनकी उन्मत्तता की ओर सारी रात निहारती रहती है
हे सुंदर,
तुम्हारे गात पर धूल उछाल कर जो चले जाते हैं।
हे सुंदर,

तुम्हारा न्यायालय फूलों के वन में
पुण्य समीरन में
घास-पात में कीट-पतिंगों की गुनगुन में
वसंत-विहगों के कूजन में
लहरों से चुम्बित तट पर दोलित
पल्लव-व्यजनों में।
हे मेरे प्रेमी,
वे अत्यंत निर्मम हैं
उनका उन्माद दुर्दम है।
छिपकर वे आते हैं तुम्हारे आभरण चुराने
अपनी नग्न वासना सजाने।
उनका प्रहार जब प्रेम के सर्वांग पर होता है
असह्य हो उठता है।
अश्रुपूरित आँखें रोते हुए पुकारती है तुम्हें
'हे मेरे प्रेमी, खड्ग धारण करो,
करो इस सब पर न्याय-विचार!'
उसके बाद देखती हूँ
यह क्या!
कहाँ तुम्हारा न्यायालय!
झरते हैं मातृवत्सल स्नेह अश्रु
उग्रता पर उनकी,
प्रणयी का आत्मविश्वास उनके विद्रोह को
अपने क्षत वक्ष में ग्राह्य बना लेता है।
हे मेरे प्रेमी
तुम्हारा वह न्यायालय
स्नेह की निर्वाक् निःशब्द वेदना में
सती की पावन लज्जा में
मित्र के हृदय के रक्तपात में
विरह-निशि की पथ-प्रतीक्षा में

अश्रुप्लावित करुणा से परिपूर्ण क्षमा के प्रभात में।
हे मेरे रुद्र,
वे लुब्ध हैं
आत्ममुग्ध हैं वे
तुम्हारे मुख्यद्वार को गुपचुप पार कर
चोरी करते हैं तुम्हारे भंडार की सेंध काट कर,
चुराया हुआ वह धन इतना सधन है–असाध्य है
कि पल-पल उनके हृदय को दलता है
साध्य नहीं उतार पाना भी उसे।
तब मैं रोती हुई तुमसे बार-बार कहती हूँ
हे मेरे रुद्र, उन्हें क्षमादान दो!
ध्यानपूर्वक देखती हूँ कि तुम्हारी क्षमा,
प्रचण्ड झंझा बनकर उतरती है
उसी झंझा में वे भूलुंठित हो जाते हैं
चोरी का वह असह्य बोझ खण्ड-खण्ड होकर
उस वायु-वेग में जाने कहाँ बह जाता है!
हे मेरे रुद्र, तुम्हारी क्षमा वज्राग्नि की लपट में,
सूर्यास्त की प्रलय लिपि में
रक्त की वर्षा में आकस्मिक संघर्ष के घर्षण में
गरजती हुई।

'बलाका' से, 09.12.1914

❑

माधवी

लक्ष-लक्ष वर्षों की तपस्या
हुई सफल—
वसुंधरा पर आज
मुकुलित यह माधवी!
युग-युग तक रही आवृत
अदृश्य वक्षांचल से
मौन-भाव धारे
यह आनंदमयी छविऽ।

इसी भाँति मेरे स्वप्न में भी
किसी दूरवर्ती
युगांतरित वसंत-वन के
किसी एक कोने में
किसी एक समय की—किसी एक मुख की
स्मिति-रेखा एक उभर उठेगी।
यह आशा, बहुत ही अव्यक्त रूप में
संचित है मेरे मन में भी।

'बलाका' से, 10.01.1915

❑

प्रेम-स्पर्श

हे भुवन,
जब तक प्रेम-भाव से
देखा नहीं था तुम्हें मैंने,
खोज नहीं पाई थी
अपनी सब सम्पदा
तुम्हारे आलोक ने।
सकल आकाश तब तक
हाथ में लिए दीपक
निहार रहा था पथ को सूने-सूने।

प्रेम मेरा आया गाकर गान
जाने क्या बात हुई कानोंकान,
अपने गले से उतारकर उसने
डाल दी माला तुम्हारे गले में!

हँसते मुग्ध नयनों से उसने
छिपा कर ऐसा कुछ दिया है
अदृश्य हृदय में तुम्हारे
तारकमाला के मध्य
गुँथा रहेगा जो चिरकाल तक।

'बलाका' से, 12.01.1915

❑

दो नारी

किस मुहूर्त में
सृजन के समुद्रमंथन से
प्रकट हुईं दो नारी
अतल का शय्यातल त्याग!
उनमें से एक उर्वशी, सुंदरी
विश्व के कामना राज्य की राज्ञी
स्वर्ग की अप्सरी।
दूसरी लक्ष्मी, वह कल्याणी
विश्व-जननी रूप में
जानता हूँ जिसे,
स्वर्ग की ईश्वरी।

एक तप भंग कर
अट्टहास के अग्नि-रस से फाल्गुन का सुरापात्र भर
ले जाती है मन-प्राण हर
और दोनों हाथों से बिखेर देती है
वसंत के पुष्पित प्रलाप में
राग-रक्त-रँगे किंशुक और गुलाब में
उन्निद्र यौवन के गान में।

अपरा
लौटा लाती है
अश्रुकणों से स्नात स्निग्ध वासना में

हेमंत की हेमाभ–सुफला शांति की पूर्णता में
लौटा लाती है
निखिल सृष्टि के आशीर्वचनों की ओर
सौम्य सौंदर्यमयी मुस्कान की मधुर सुधा में।
लौटा लाती है धीरे से
जीवन-मृत्यु के पवित्र संगमतीर्थ पर
अनंत के पूजा-मंदिर में।

'बलाका' से, 03.02.1915

❏

खो जाना

मेरी छोटी लड़की
पुकार सुन कर सखियों की
जा रही थी निचले तल में
सीढ़ियों से उतरकर
अँधेरे के भय से थम-थम कर।
हाथ में दीपक था
आँचल की आड़कर, जा रही थी सँभल-सँभल कर।

मैं था छत पर
तारों भरी थी चैत मास की रात।
सहसा सुनाई दिया लड़की का रुदन
दौड़ कर गया उसे देखने।

जाते-जाते, सीढ़ियों के अध-बीच
हवा से बुझ गया था उसका दीपक।
पूछा मैंने, 'क्या हुआ, बामी?'
रोती आवाज़ में कहा उसने नीचे से: 'खो गई हूँ मैं।'

तारों भरी चैत मास की रात में
लौटा छत पर
तो आकाश की ओर निहारते, मन में आया
मेरी बामी की भाँति ही, उसी जैसी कोई एक लड़की
नीले अम्बर के आँचल की आड़ कर
दीपक की लौ को बुझने से बचाती

धीरे-धीरे चल रही है एकाकी।
यदि रोशनी बुझ जाए, यदि वह सहसा रुक जाये
रो उठेगी आकाश को गुँजाती,
'खो गई हूँ मैं।'

'बलाका' से, अक्टूबर, 1918

❑

याद आना

माँ की मुझे याद नहीं आती।

केवल कभी-कभी खेलते हुए अचानक-अकारण
कोई एक स्वर गुनगुनाता हुआ कानों में बजता है
मेरे खेल में जैसे माँ के शब्द गुँथ जाते हैं।

माँ मानो मेरे झूले को झूँक दे-दे गान गा रहीं—
माँ तो चली गई, जाते-जाते मानो गान छोड़ गई।

माँ की मुझे याद नहीं आती।

केवल जब अगहन महीने की भोर में हरसिंगार-वन से
ओस-भींगी हवा फूलों की गंध लेकर आती है
तब क्यों माँ की बात मेरे मन में फुरफुराती है!

लगता है नत-मुख माँ उन्हीं फूलों से लदी डाली ले आईं
इसीलिए यह पूजा की गंध माँ की गंध बनकर आती है।

माँ की मुझे याद नहीं आती।

केवल जब शयनकक्ष के कोने में जाकर बैठता हूँ
ताकता हूँ झरोखे से सुदूर नीले आकाश की ओर
लगता है माँ मानो अपलक दृष्टि से मुझे निहार रहीं।

गोद में लेकर माँ का कभी मुझे निहारना—
वह निहारना मानो माँ सारे आकाश में
छितरा गई हैं।

'शिशु भोलानाथ' से, 25.09.1921

पूर्णता

(1)

निस्तब्ध-उन्निद्र रात्रि में एक दिन
भावावेग से विचलित हो
सजल नयन-नत शिर
चूमकर मेरी हथेली आहिस्ते से
कहा था तुमने–
'तुम यदि दूर चले जाओ, तो
मेरा सारा संसार,
अटूट सूनेपन के भार से
अनंत काल के,
रेत-सा रूखा–असार हो जाएगा।
हर लेगी
आकाश की भाँति असीम उदासी
मेरे हृदय की सारी शांति।
निरालोक-निरानंद-निस्तब्ध शोक
मृत्यु से भी बढ़कर मृत्युसदृश होगा।'

(2)

सुनकर
मुख को तुम्हारे अपने सीने से सटाकर
कान में धीरे-धीरे कहा था मैंने–
'तुम यदि दूर चली जाओ, तो
तुम्हारी ही स्वर में

वेदना की विद्युत
गान-गान में नित्य झलमलायेगी,
रोशनी की प्रत्येक किरण मेरे हृदय में चुभेगी
हर पल मेरे हृदय—मेरे नेत्रों को याद कर
विरह का विचित्र खेल तुम खेलोगी।
दूर जाकर तुम
खोज पाओगी
मर्म का निकटतम द्वार
और तब मेरी दुनिया पर
होगा तुम्हारा पूरा अधिकार।'

(3)

हम दोनों की वह अंतरंग वार्ता
सुनी थी सप्तर्षि मंडल के तारकों ने
वाणी की वह धारा रजनीगंधा वन में
बहती रही पल-पल।
उसके बाद
आया हमारे मध्य एक असीम अलगाव
मृत्यु के रूप में दबे पाँव,
देखा हुआ—सुना हुआ
सब कुछ व्यतीत हो गया
अब नहीं है स्पर्शहीन वाक्य वह
अनंत लोक में।
तब भी किंतु आकाश
नहीं है शून्य निरा
व्यथामय अग्नि की वाष्प से
है भरा।
उस अग्नि से दीप्त गीत
सिरजते हैं सहसा सपनों का संसार।

'पूरबी' से, 01.10.1924

❑

आशंका

मेरे प्रेम का मोल दोनों हाथ भरकर
जितना अधिक दोगी
उतना ही क्या मेरे मन की ये गहरी फाँक
पकड़ में नहीं आयेगी?
उससे तो ऋण की राशि चुकाकर
खाली नाव लेकर जाऊँ।
वैसे क्षुधाकातर रहना भी भला,
लौटा ले जाना सुधापूरित अपना हृदय।

पीछे अपनी व्यथा मिटाते हुए
जगा दूँ तुम्हारे हृदय में यदि व्यथा
पीछे अपना भार हल्का करने हित
लाद दूँ तुम्हारे ऊपर यदि भार
पीछे मेरे एकाकी अंतर की आकुल पुकार
जगाये रखे यदि तुम्हें रात में
इसी भय से मन की बात खुलकर नहीं कही—
भुला सको तो भूल जाना ही अच्छा।

चला था सूने पथ पर
तुम आईं मेरा मुख निहारती हुई।
सोचा कहूँ तुमसे, साथ चलो,
कुछ बात करो!
अचानक तुम्हारे मुख को निहार

क्यों मन में मेरे भय का भाव जगा!
देखा, तुम्हारे हृदय की घनी रात के
गहरे अँधेरे तल में दबी आग छिपे-छिपे जल रही!

हे तपस्विनि, तुम्हारी तपस्या की लपटें
यकायक यदि जगा दूँ
तो उसके दीप्त आलोक में टूट कर
मेरा दैन्य प्रकट हो जायेगा।

तुम्हारे प्रेम की होमाग्नि में हवि बने
ऐसा क्या है मेरे पास देने को!
इसी लिए तो नतशिर हो कहता हूँ
तुम्हारे दर्शन की स्मृति लेकर
लौट जाऊँगा मैं अकेला।

'पूरबी' से, *17.11.1924*

❑

जुगनू मेरा स्वप्न

जुगनू मेरा स्वप्न
दीप्त प्राणों की मणिका;
स्तब्ध अँधेरी निशि में
उड़ती हुई प्रभा की कणिका।

उसके पंखों पर

उसके पंखों पर स्फुलिङ् ने
पाया स्फुरण छंद,
दप्-दप् करते हुए थिरकना
ही उसका आनन्द।

छाया-सुंदरी

पाणिग्रहण चाहता करना तरु
छाया-सुंदरि का,
वंचित रहता; यद्यपि उस पर
है अधिकार उसी का।

'लेखन' से, 1927

❏

नील वर्ण नभ का

नील वर्ण नभ का
वन की श्यामता से लौ लगाये,
मध्य में उनके
हवा रह-रह हौहाये।

मिट्टी का दीवा

दिन-भर की अवहेलना लिए हुए मन में
मिट्टी का दीवा होता लिप्त
रात्रि-शिखा के चुम्बन में।

पथ में हुई देरी

पथ में हुई देरी—झर गई चेरी
दिन व्यर्थ गया, प्रिया!
तब भी तुम्हारी क्षमापूर्ण हँसी ने
दिखा दी उजेरी।

'लेखन' से, 1927

❑

फूलों की जो कथा

फूलों की जो कथा
पत्तों की भी वही व्यथा—
चारों ओर उनके घिरी हुई नीरवता।

इतना बड़ा इंद्रधनुष

इतना बड़ा होकर इंद्रधनुष वह
टँगा है दूऊऊर आकाश के अंक में!
मेरी तो प्रीति पगी
धरती पर; तितली के पंख में।

बहुत दिनों तक

बहुत दिनों तक—योजनों दूर तक
बहुत व्यय किया—बहुत से देशों का सफ़र तै किया
गया देखने पर्वतमाला
गया देखने सागर-सिंधु
देखा नहीं आँखें खोल कर—घर से मात्र दो डग दूर पर
धान की एक बाली के सिरे पर
ठहरा हुआ एक ओस-बिंदु!

'लेखन' से 1927

❑

अश्रु

सुंदर, भर लाये तुम
आँखों में अश्रुजल।
धधक उठा हृदय में तुम्हारे
दु:सह होमानल।
दु:ख यह उससे उज्ज्वल हो उठा,
मुग्ध प्राणों का आवेशबंध टूटा,
इस ताप से विकसित हो उठा
विच्छेद-शतदल।

'महुआ' से

❑

विच्छेद

ढल गई रात जब, जाने को दूरतर
खड़े थे द्वार पर।
कंठ में मेरे था जितना—जो गान
कर दिया था दान।
तुमने हँस कर
बाँसुरी विरह की धर दी थी मेरे हाथ पर।
उस दिन के बाद से
वसंत में—शरद में
आकाश में, वातास में विचलन होता रहा।
रोते हुए, बाँसुरी और गान का विच्छेद
दुनिया-भर में भटकता रहा।

'महुआ' से

❑

तुम जो तुम

तुम जो तुम्हीं हो, ओ,
वही तुम्हारा धन।
मैं अपने प्रेम में
सुखी हूँ चिर दिन।

दो छोरों पर

दो छोरों पर
दो कूलों के
आकुल प्राण,
मध्य में सागर–
अतल वेदना का गान।

उठा रहे हो तुम नूतन घर

उठा रहे हो तुम नूतन घर
ढहा रहे मेरी दीवार।
खोज रहे तुम लड़ना-भिड़ना
मेट के मेरी जीत व हार।
बाँध रहे तुम तार सितार के
थाम रहा मैं सम में आ।
पूर्ण हो गई आरम्भ से
अंत की चक्ररेखा।

'स्फुलिंग वनवाणी' से

❑

विदा

काल-यात्रा की ध्वनि सुन पा रहे हो!
उसी का रथ धावित है निरंतर
जगाता हुआ अंतरिक्ष में हृदय की धड़कन
चक्के से रौंदे हुए विदीर्णवक्ष-अंधकार के
तारकों का क्रंदन।

ओ बंधु, उसी सतत घावित काल ने
जकड़ लिया है मुझे, फेंक कर अपना जाल, जाल में—
उठा ले गया
दु:साहसी भ्रमण पथ पर/तेज़ भागते रथ में
तुमसे बहुत दूर।
लगता है अनंत मृत्युओं को पार कर आया हूँ
नवप्रभात के शिखर की चोटी पर,
रथ का चंचल वेग हवा में उड़ाता है
मेरा पुराना नाम।
पलटने की राह नहीं,
दूर से देखोगे, तो चीन्ह नहीं पाओगे।
हे बन्धु, विदा!
सारे कामों को निबटा कर किसी दिन
पूरा अवकाश पा
जिस रात वासंती बातास में अतीत तट से हो
बहेगा दीर्घश्वास
झरे हुए मौलसिरी पुष्पों का क्रंदन

व्यथा से भर देगा सारा आकाश,
उसी क्षण खोज देखना
तुम्हारे प्राण-प्रदेश में मेरा कुछ रह गया है क्या!
संभव है विस्मृत संध्या को वह ज्योतित करे
संभव है अनाम स्वप्न की प्रतिमा बन जाये कभी।
तब भी स्वप्न तो नहीं है वह
सर्वोपरि वह मेरा सत्य है
वही मृत्युंजय है,
वह मेरा प्रेम है।
उसे रख आया हूँ
अपरिवर्तन के अर्घ्य-रूप, तुम्हारे लिए।
मुझे तो परिवर्तन की धारा में बहना ही है
काल की यात्रा में।
विदा, बंधु, विदा!

तुम्हारी कोई क्षति नहीं हुई,
मर्त्यलोक की मेरी मिट्टी से गढ़ ली हो कोई अमर मूर्ति
उतारो उसी की आरती संध्यावेला में।
पूजा के उस खेल में कोई व्याघात नहीं आयेगा
प्रतिदिन के मेरे मलिन स्पर्श से;
नैवेद्य थाल का कोई फूल भ्रष्ट नहीं होगा
तृषार्त आवेग के वेग से।
भावना रस से पूरित जिस पात्र को यत्नपूर्वक सजाया
वाणी की तृषा से
अपने मानस-भोज हेतु
मिला नहीं दूँगा उसके साथ
अश्रुसिक्त अपना धूलि-धन।
आज भी शायद तुम करोगे स्वयं ही
मेरी स्मृति के स्वप्न से आविष्ट सृष्टि अपने शब्दों की

न रहेगा उसका भार–न रहेगा उसका दायित्व।
हे बन्धु, बिदा!

मेरे लिए शोक न करना
मेरा कर्म है, मेरा विश्वलोक है
रिक्त नहीं है मेरा पात्र
रिक्ता को पूर्णता से भरूँगा, साधूँगा यही व्रत सदा।
उत्कंठा से भर यदि कोई मेरी बाट जोहता रहेगा
वही मुझे कृतार्थ करेगा।
शुक्लपक्ष से रजनीगंधा की टहनी ला
साज सकता है जो कृष्णपक्ष-निशि के नैवेद्य थाल में
देख पायेगा जो मुझे
नेकी–बदी सबको मिलाकर
असीम क्षमा के साथ,
उसकी पूजा में अपनी बलि देना चाहता हूँ इस बार।
दिया था तुमने जो, पाया उसका निःशेष अधिकार।
यह है मेरा पल–पल का दान
करुण क्षण, मेरी हृदयांजलि से मुँह भर–भर करता है पान।
ओ निरूपम! हे ऐश्वर्यवान!
तुम्हें जो दिया वह तुम्हारा ही दिया हुआ था,
तुमने जितना लिया–उतना ही मुझे ऋणी किया।
विदा, बंधु, विदा!

'महुआ' से, 25.06.1928

❑

वंशीवाला

'सुनो वंशीवाले,
बजाओ अपनी वंशी,
सुनूँ अपना नया नाम...'
इसी भाँति लिखा था तुम्हें मैंने प्रथम पत्र
याद तो है न?

मैं तुम्हारे बांग्लादेश की बेटी हूँ।
सृष्टिकर्ता ने पूरा समय नहीं दिया
मानव रूप में मुझे गढ़ते हुए,
आधा-अधूरा ही छोड़ दिया।
बाहर-भीतर में मेरे तालमेल नहीं
विगत और वर्तमान के मध्य,
तालमेल नहीं परिश्रम-प्रतिभा के मध्य
सामर्थ्य और इच्छा के मध्य तालमेल नहीं।
चढ़ाया नहीं वर्तमान की संतरणी में मुझे
छोड़ दिया यूँ ही असहाय
कालप्रवाह के उसी पार बालुका तट पर।
देखती हूँ वहाँ से
प्रचण्ड प्रकाश में धुँधला दूरस्थ जगत,
अकारण, कंगाल मन, अधीर हो उठता है
पसारती हूँ दोनों हाथ
पहुँच में नहीं किंतु, कुछ भी-कहीं भी।

समय तो कटे नहीं,
बैठी हूँ ज्वार-जल को निहारती हुई,
चली जा रही है सामने से मुक्ति-पार की नौका
चले जा रहे हैं सामने से धनिकों के बजरे
बीतती जा रही चलते समय की रोशनी और छाया।
तभी बज उठती है तुम्हारी बाँसुरी
जीवन के सुर-संगीत से भरी।
मृत्यु-दिवस की नाड़ी में
घटती जा रही है तेज़ी से प्राण-वेग की फड़कन।
कौन-सी धुन तुमने छेड़ी है?
जानती नहीं वह सुर किस मन की व्यथा जगा रहा।
लगता है पंचम राग तुमने छेड़ा है
दक्खिनी हवा की जवानी का भटियाली गान।
सुनते हुए ख़ुद के बारे में सोचती हूँ–
मानो हो किसी पहाड़ की तलहटी में धीमे-धीमे रिसती नदी
जिसके वक्षस्थल को हठात् आ घेरा हो
सावन की घनी काली रात ने।
भोर में उठकर वह देखती है, किनारा तो बह गया,
प्रचण्ड प्रवाह की भवँर
हठीले शिलाखंडों को टक्कर मार रही।
तुम्हारा राग मेरे रुधिर में घुलाता है
झंझा की पुकार, वन्या की पुकार, अग्नि की पुकार
पसलियों से टकराते मृत्यु सागर की पुकार
घर के दरवाज़ों की साँकल खड़काती उदासीन हवा की पुकार।
जैसे पूर्ण प्रवाह किसी दस्यु की भाँति चिंघाड़ता हुआ
मारे धावा अपूर्णता की सँकरी नहर में
कि लूटपाट कर धकिया देगा।
अंग-अंग में मेरे ऐंठन भर जाता है
वैशाखी झंझा के प्रहार से आहत
वन का प्रतिवाद।

पंख नहीं दिये मुझे विधाता ने
तुम्हारे गान ने दिया है मेरे सपनों को
बवंडर से बुहारे आकाश में उड़ता प्राणोन्माद।

घर में शांतभाव से टहल बजाती हूँ
सभी अच्छा कहते हैं
उनकी दृष्टि में मेरी इच्छाशक्ति निर्बल है
लोभ-लाभ का नामनिशान नहीं
जब मारें पड़ती हैं सिर पर
धूल में लुढ़ा देती हूँ सिर।
पाबंदियों की पहरेदारी को
बलपूर्वक निरस्त करने का साहस नहीं मुझमें।
पूर्ण प्रेम करना जानती नहीं
जानती हूँ मात्र रोना
जानती हूँ किसी के भी पैरों पर ढह गिरना।

वंशीवाले,
बज उठी तुम्हारी वंशी
अमरता के लोक में मुझे पुकारती हुई,
वहाँ उस गरिमामय लोक में
मेरा शीश ऊँचा उठ जाता है।
वहाँ कुहासे का पर्दा छिन्न-भिन्न करता
तरुण सूर्य मेरा जीवन है।
वहाँ मेरी अनिवार अधीरता
फैला देती है अग्निपंख,
उड़ने लग पड़ती है अजाने शून्यपथ पर
प्रथम क्षुधा में अपनी, अशांत गरुड़ की भाँति।
जाग उठती है विद्रोहिणी
भीतर तक भेदती तिरछी दृष्टि से व्यक्त करती घृणा
चारों ओर की कायर भीड़ के प्रति,
कृश और कुटिल कापुरुषों को लक्ष्य करके।

वंशीवाले,
तुम शायद मुझे देखना चाहते हो।
जानती नहीं ठीक-ठिकाना
न ठीक समय,
न यह कि तुम कैसे मुझे चीन्होगे।
झींगुरों की झनकार से गूँजती आषाढ़ की एकाकी निशि में
वही छायारूपी नारी तो गई है तुम्हारे अभिसार को
उस पथ से, जो आँखों की पहुँच से परे है।
कितने वसंत पहनाई उस अनामा को
छंदों की माला,
फूल जिसके नहीं सूखेंगे कभी?

तुम्हारी पुकार सुनकर एक दिन
घरेलू क़िस्म की जो एक जीवनहीन लड़की
निकल आई थी अँधेरे कोने से—
वही है यह अवगुंठनवती नारी।
वाल्मीकि के मुख से सहसा फूटे अनुष्टुप की भाँति
इसने भी तुम्हें विस्मयामिभूत किया।
गान के अपने आसन से
वह उतरेगी नहीं,
वह लिखेगी तुम्हें पत्र
तुम्हारी रागिनी की छाया में बैठकर।
उसका पता-ठिकाना तुम जान नहीं पाओगे।

सुनो वंशीवाले,
उसे तुम्हारी वंशी के सुर से
दूरी ही बरतने दो!

'श्यामलीं' से, 16.06.1936

❏

आकस्मिक मुलाक़ात

रेल के एक डिब्बे में
अकस्मात् हमारी मुलाक़ात हुई
कभी नहीं सोचा था मैंने
यह संभव होगा।
देखा था पहले
उसे लाल साड़ी में–
अनार के फूलों जैसी लाल साड़ी में,
आज थी वह काली रेशमी में आवेष्ठित
साड़ी का पल्लू उसके सिर तक उठा हुआ,
लगभग आच्छादित किये
उसके गौर-दीप्त चेहरे की चम्पई सुंदरता को।
काली साड़ी में वह ऐसी प्रतीत हुई
मानो घेर लिया हो उसने/अपने आप को
किसी दुरूह दूरी में–
सालवनों की उदास श्यामलता से आच्छादित
सरसों के खेतों की सुदूर हरेरी में।
मेरी सम्पूर्ण चेतना एक झटके के साथ ठहर गई
देखा मैंने एक सुपरिचित को किसी अपरिचित के अलगाव में।

सहसा, हाथ के अख़बार को परे रखते
करबद्ध हो उसने मुझे अभिवादन किया।
प्रशस्त हुआ पथ, सामाजिक समागग का,
शुरू किया मैंने वार्तालाप–

"कैसी हो तुम? कैसे चल रहे हैं तुम्हारे कामकाज?"
इत्यादि-इत्यादि।
खिड़की के बाहर ही वह निहारती रही
बच रही हो मानो, हमारे घनिष्ठ परिचय के दिनों के लगाव से।
बहुत संक्षिप्त-से दिये उसने एक-दो प्रत्युत्तर,
कुछ प्रश्नों के कोई उत्तर दिये ही नहीं,
हाथों की विकलता से व्यक्त किया उसने
कि क्यों आख़िर यह सब कुछ?
अच्छा होगा कि हम चुप ही रहें उस सबके बारे में।

मैं था दूसरी सीट पर
उसकी सहचरियों के साथ,
एक बार उँगलियों के संकेत से उसने
पास आने को कहा,
विचारणीय प्रतीत हुई उसकी निर्भीकता,
उठा मैं
और उसकी बग़ल में जा बैठा।
ट्रेन के शोर की पर्दादारी में
धीमी आवाज़ में उसने मुझसे कहा–
"अन्यथा न लेना
समय कहाँ है भला/गँवाने को?
अगले स्टेशन पर मुझे उतर जाना है
और तुम...आगे दूर तक जाओगे;
फिर कभी हमारा मिलना नहीं होगा।
लिहाज़ा, उत्तर उस प्रश्न का, अनुत्तरित रहा आया
जो अब तक

सुनना चाहती हूँ मैं
तुम्हारे मुख से

सच तो बोलोगे न?"
"हाँ, सच बोलूँगा," कहाँ मैंने।
आकाश की ओर निहारते हुए ही पूछा उसने,
"व्यतीत दिवस हमारे
हरदम को चले गये?
कुछ भी नहीं बचा?"

पल–भर मैं मौन रहा,
अनंतर कहा
"दिन के उजाले की गहनता के पीछे
रात्रि के सितारे–बचे रहते हैं सारे।"

संशय था मुझे
कि मेरा निष्पादन सफल रहा!
बोली वह, "ठीक, अब तुम जाओ अपनी सीट पर!"

अगले स्टेशन पर वे सभी उतर गईं
आगे का सफ़र मैंने एकाकी तय किया।

'श्यामली' से, 24.06.1936

❑

अंतिम प्रहर के आलोक से आरक्त

अंतिम प्रहर के आलोक से आरक्त
चैत के महीने में उस दिन अनायास
तुम्हारी आँखों में दिखा मुझे अपना सर्वनाश।

इस विश्व के नित्य खेल में
प्रतिदिन के, लोगों के हेलमेल में
बाट-घाट में सहस्रों जनों का हास-परिहास—
उसके मध्य, तुम्हारी आँखों में मेरा अपना सर्वनाश।

अमराइयों में हवा के झकोरों से
बौर झरता है डालों-पत्रों के मौरों से
चिरकाल की जानी-पहचानी अरघान
हवा में रल-मिल होती है एकप्रान।

बौरों से लदी-फदी शाख़ों में
मँडराती मधुमक्खियों की पाँखों में
पल-प्रतिपल वासंती दिवस के निःश्वास—
उसके मध्य, तुम्हारी आँखों में मेरा अपना सर्वनाश।

'गीत-वितान' से, *1934*

❏

अपनी कीर्ति पर मैं भरोसा नहीं करता

अपनी कीर्ति पर मैं भरोसा नहीं करता।
जानता हूँ
कालसिंधु
अपनी नियमित तरंगों के आघात से
दिनानुदिन लुप्त करता रहेगा इसे।
मेरा भरोसा अपने-आप पर है।
दोनों वक़्त उसी पान-पात्र को भरकर
इस विश्व की अमृत-सुधा को पिया है,
संचित हुआ है उसमें
प्रेम प्रति क्षण का।
दुःख के भार ने भयभीत नहीं किया
धूल ने उसका शिल्प बदरंग नहीं किया।
जानता हूँ
विश्व की रंगस्थली छोड़ कर जब जाऊँगा
हर ऋतु में पुष्पवन देगा गवाही—
प्रेम किया है मैंने इस विश्व को।
यह प्रेम ही सत्य है
अवदान है इस जन्म का
विदा लेते समय अम्लान रह
करेगा अस्वीकार मृत्यु का
सत्य यह।

'रोगशय्या' से, 1940

❑

रूपनारान के तट पर

रूपनारान के तट पर
जाग उठा;
स्वप्न नहीं है इहलोक—
जाना।

रक्त के अक्षरों में देखा
अपना रूप;
पहचाना स्वयं को
आघात आघात में
वेदना वेदना में;
कठिन है जो सत्य,
कठिन को ही मैंने प्रेम किया—
धोखा नहीं देता कभी वो।

सत्य का कठिन मूल्य प्राप्त करने के लिए
मृत्यु में समस्त लेन-देन चुका देने के लिए

यह जीवन मृत्युपर्यंत
दु:ख की तपस्या है।

'शेष लेखा' से, 1941

❑

प्रथम दिवस के सूर्य ने

प्रथम दिवस के सूर्य ने
प्रश्न किया
सत्ता के नवीन आविर्भाव से—
कौन हो तुम?

मिला नहीं उत्तर।

वर्ष के बाद वर्ष व्यतीत हुए,
दिवस के अस्तंगमित सूर्य ने
अंतिम प्रश्न पूछा
पश्चिम सागर तट पर
निःस्वन संध्या में—
कौन हो तुम?

पाया नहीं उत्तर।

'शेष लेखा' से, 27.07*.1941

❑

---

* कवि का देहांत 7 अगस्त, 1941 को हुआ।

नोट्स

नोट्स

नोट्स